Excursion

DANS

LE SAHARA ALGÉRIEN.

EXTRAIT

du Carnet de Route.

Excursion
dans le Sahara algérien.
Extrait du carnet de route.

J'avais quitté Biskra à la fin de Dé-cembre et j'étais à Touggourt prêt à partir dès le 1er Janvier 1883, mes hommes et mes chameaux parés n'attendant plus que l'ordre de mettre en route. Une série d'ennuis de toutes sortes — parmi lesquels je ne citerai que la non ar-rivée de divers instruments qui auraient dû me parvenir dès le commencement de Décembre — me retint tout un mois et je ne pus quitter Touggourt que le 6 Février.

Mon intention était d'aller au moins jusqu'à Hassi-Messeyguem, soit par la voie de l'Erg, soit par les routes de l'Oued. Les événements, et surtout les hommes, m'en ont empêché, comme on le verra en lisant cette brève notice; et je n'ai pu accomplir, à mon vif regret, que la moitié du programme que je m'étais tracé.

Le seul bénéfice du voyage est le relevé de la route comprise entre Hassi-Tames-guida, Hassi Ghsourd-oulad-Jaïch et Hassi

Gara; route qui — si je ne me trompe — n'avait encore été parcourue par aucun Européen.

Avant de commencer ce court extrait je crois nécessaire de donner en Français l'équivalent de mots arabes fréquemment employés dans les pages suivantes et que l'on ne peut rendre que par des périphrases plus ou moins longues et fastidieuses.

Aïn — fontaine naturelle.

Areg, Erg — montagnes de sable, dunes.

Debdeb — gypse ferme en dalles plates.

Feidj — cuvette allongée et à fond généralement ferme, entre les dunes.

Gara (Pl. Gour) — mamelons rocheux à bords coupés plus ou moins à pic; sorte de témoin géologique généralement tronconique.

Garet, Gouïret — diminutif de Gara.

Gassi — sol dur où les chameaux et les chevaux ne laissent aucune empreinte.

Ghourd, (Pl. Oghroud) — grande dune de sable, isolée, dont l'arête est vive.

Gheridat — diminutif de ghourd.

Guentra — Pont — seuil entre deux cuvettes.

Haïchat — plaine couverte de végétation (pâturage).

Hamada — sol rocheux.

Hassi — puits creusé de main d'homme.

Houdh — cuvette de plus ou moins grande dimension bordée de Gour.

Nebka — sol de sable mi-meuble, très-légèrement
vallonné, où les chevaux n'enfoncent
guère que de la hauteur du sabot.

Reg — sol de sable en gravier plus ou moins
gros, très ferme et très uni.

Sabra — cuvette de faible profondeur et souvent
de forme circulaire.

Sif, (Pl. Siouf) — dune allongée dont l'arête est
très vive.

Zemoul, Zemeila — petites dunes sans arêtes
vives.

Agheram	Anabasis articulata.
Alenda	Ephedra alata.
Azal	Tamarix articulata.
Belbal	Anabasis (variété).
Dhamran	Traganum nudatum.
Dhanoun	Orobanche condensata.
Drinn	Arthraterum pungens.
Hanna	Hemophyton Deserti.
Retem	Retama Duriæi.
Sbar	Arthraterum plumosum.
Tarfa	Tamarix Gallica.
Tarsous	Orobanche condensata Atropurpurea.
Zita	Simoniastrum Guyonianum.

---

11 Février — Ouargla.

Dès mon arrivée à Ouargla je prie l'agha de vouloir bien me donner Sliman-ben-Mabrouk — un homme du Maghzen que je connais depuis longtemps et qui sait parfaitement les routes du Sud —. L'agha qui n'a point d'ordres à mon sujet (bien que M. le colonel chef d'État-major du 19ᵉ corps m'ait fait savoir que des instructions avaient été données pour faciliter mon voyage) me répond qu'il ne peut prendre sur lui de me donner l'homme que je demande et qu'il est obligé d'en référer à Ghardaya. J'ai su depuis que le Commandant supérieur de cette ville n'avait pas non plus d'ordres à mon sujet.

12 Février — Direction générale E.S.E.

Je pars seul avec des guides Chambba que j'ai depuis Touggourt, mais qui connaissent surtout les directions de l'Est. Je compte trouver parmi les tribus campées au Sud les hommes qui me sont nécessaires.

Jusqu'à Rouisat la route serpente au milieu des palmiers, et, passé ce village, elle traverse une plaine nue de sable et de gypse que l'on nomme Oued Ouargla. Nous montons bientôt, à très faible pente, sur les plateaux de Reg avec quelques affleurements de gypse.

Direction droit sur le Gara Kouif - el-

Lahm. Le Reg est un peu ondulé et d'abord presque nu, puis, peu à peu, la végétation apparaît composée presque uniquement de Dhamran et d'Agheram.

Nous voyons devant nous : à droite et au loin les Gour-Berrouba, puis plus rapprochés, les Gour-Kouif-el-Lahm, Tarfaïa (notre direction passe actuellement entre ces deux derniers) plus à gauche, Areg Tarfaïa et enfin Gour-nkhadema.

La route abandonnant le terrain du Reg, traverse ensuite un sol de Nebka, les petites dunes dites Sif Baghdi, puis, laissant à gauche les Gour-Tarfaïa, nous campons dans une dépression que quelques indigènes nomment Oued Tarfaïa (Rivière des Tamarix). On aperçoit dans le N.E 7 petits Gour, ce sont les Gouïret-es-Schaam; au NW, les sommets des Gour-Krima et Kriem sont visibles au-dessus de l'horizon.

Les puits de Tarfaïa, que nous laissons dans l'Est, à petite distance, sont comblés depuis longtemps. Dans l'Oued Tarfaïa, sol de nebka, végétation peu abondante se composant de Drinn sec, de quelques Tamarix, d'alenda de Rtem et de Harta.

13 Février — Direction générale S.E ¼ S.

Au départ de Tarfaïa marche dans la vallée indiquée ci-dessous pendant 5 kilomètres.

Nous atteignons alors le pied d'un gara à notre gauche. — Ceux de droite sont à plus de 1000 mètres de nous, — le sol est du Debdeb à droite, et du Reg sur notre passage. Après avoir traversé une succession de petits kouds et de guentras, mi partie Debdeb et Sebka, nous contournons par le N.E un petit massif de dunes (areg ou zmeïla Rahala) auquel succède une cuvette de faible dimension , et la route remonte en très légère pente — à 15 kilomètres du point de départ — sur un Guentra en sol de Reg ondulé. On traverse ensuite le Koudh-bel-Hamera , cuvette remarquable bordée de Guentras. Au moment où nous escaladons le rebord S.E du koudh-bel-Hamera nous sommes à 20 kilom. de Hassi Tarfaïa et nous marchons sur un plateau rocheux qui se termine par une pente assez rapide de 800 à 900 mètres jusque dans le Kaïchar que les indigènes nomment Oued Smibri (la rivière du petit-jonc).

Toute la route de ce jour se développe au milieu de Koudhs, de Guentras et de Gour. Le puits , Hassi Smibri, se trouve dans une plaine couverte de végétation que les indigènes qualifient improprement du titre d'Oued. Cette cuvette est bordée de Gour excepté du côté S.E où s'élèvent quelques petits areg et aghroud . Le puits contient de l'eau de qualité médiocre à $9^{m},50^{c}$ sous le sol.

J'ai trouvé de nombreux silex taillés dans les environs du puits.

Les pâturages sont abondants dans la vallée, aussi de nombreux mkhadema campent dans le voisinage.

15 Février — Direction générale S ¼ S.E.

Après avoir traversé un seuil insignifiant en sol de nebka compris entre deux petits Gour peu éloignés de Hassi Smibri, on tombe dans le Haïchat-el-Mekhsi à la tête N.E, sol de nebka et de reg, végétation splendide pour la région, surtout dans le fond de la plaine — que l'on nomme aussi Oued-Mekhsi (rivière de l'eunuque) — à 1500 mètres sur notre droite. La traversée de cette plaine compte près de 4000 mètres. A 5 kilomètres du point de départ, la route escalade les Guentras de bordure, et, de leur sommet nous apercevons devant nous les agbroud Yannёr et Mjёïta. La route serpente bientôt au fond d'une houdh, fermé tout près de nous au N.E, mais qui s'étend dans le S.W. et communique avec le Haïchat-el-Mekhsi en contournant les Gour de l'Ouest.

Après avoir franchi ce houdh qui compte 900 à 1000 mètres de largeur, la route entre dans un chaos confus de Guentras, de houdhs, de Sabun, qui nous conduisent bientôt à Hassi Mjёïta (le puits de la chaux) situé au commencement d'un magnifique Haïchak où se développe une abondante végétation.

Route de ce jour au milieu des Guentras et cuvettes ; mais, visiblement, dans notre Ouest, on trouve un chemin plan sur le Reg depuis Ouargla.

La route suivie par la première mission Flatters passe un peu dans l'Est de celle que nous parcourons, surtout dans l'étape d'aujourd'hui.

Etabli le campement à peu de distance du puits au milieu de belles touffes d'azal, de Dhamran, d'alenda et de Drinn. Hassi Mjëira contient d'excellente eau, bien qu'elle exhale au sortir du puits seulement — une légère odeur d'acide sulfhydrique, peut-être à cause des débris de végétaux et des détritus qu'elle contient.

Nous séjournons ici pour attendre deux hommes des Chambba Oulad Smaïl qui doivent venir nous rejoindre pour nous servir de guides et qui sont avisés par lettre expédiée de Ouargla.

Vu des Chambba d'El G'léab qui sont campés aux environs. Ils racontent à mes hommes des choses fantastiques sur mon voyage dont ils sont prévenus depuis longtemps ; la chronique du Sahara m'envoie tantôt à In-Salah, tantôt à Ghdamès, au Haggar, au Soudan ! On va jusqu'à assurer que je suis envoyé à la recherche des ossements du colonel Flatters et de ses compagnons !

Mes hommes essayent de me prouver qu'ils ont peur d'un certain Ouled-bou-Rahala récemment évadé de la prison de Touggourt où on l'avait enfermé à la suite d'assassinats nombreux. Ils prétendent que cet homme roule le Sahara avec son frère, et on dit qu'ils ont rassemblé autour d'eux un certain nombre de bandits de leur espèce, et que cet ensemble constitue un ghezzou qui se promène dans nos environs. Mes hommes auront bien du mal à me persuader qu'ils en ont réellement peur, car ils sont de la même fraction de tribu.

Je fais l'ascension du Ghourd qui se trouve au Sud du puits en à environ 1800 mètres. Il fait chaud et la marche est très fatigante sur les arêtes au Siouf qui permettent d'atteindre le haut de ce Ghourd qui s'élèvent à environ 60 mètres au-dessus de la plaine environnante. Du sommet on a une vue très étendue. L'horizon à partir de l'W.N.W. jusqu'au S.S.E. en passant par le Nord, est bordé par d'innombrables Gour dans la partie avoisinant le Nord, puis par des aghroud dans tout le reste. La partie S et S.W. de l'horizon n'est qu'une large plaine mamelonnée et où la végétation semble assez rare. Au N 1/4 N.W.

on voit les têtes des agbroud de Hassi Smikri.

Dans l'E et l'E.S.E. et à petite distance, bien que hors de vue, sont les puits : Hassi nemeb, Hassi-El-achyia, Hassi Guettar, Hassi-bou-Scroual, Hassi-el-Beyod, Hassi-el-melah et enfin Hassi Mahaboula, au pied du ghourd du même nom et à plus grande distance.

Mon guide me dit que les indigènes ont de la poudre « comme de la laine », ce doit être du fulmi-coton. Il paraît qu'ils tirent cette substance, aussi bien que la poudre ordinaire du reste, du nefzaoua.

Nombreux exemplaires de la plante que les Arabes nomment Hanna ; silex taillés aux environs.

18 Février — Direction générale S¼S.E.

Ce matin, glace de 2 millimètres d'épaisseur. En quittant Hassi Mjeïra on traverse d'abord les Siouf de la base du Ghourd au Sud du Hassi, puis se succèdent deux ou trois plateaux et cuvettes, et enfin on monte sur un plateau un peu plus étendu et rocheux. Nous obliquons dans l'Est pour trouver des tentes dont nous avons besoin de voir les propriétaires pour nous renseigner sur les hommes qui devaient nous rejoindre à Mjeïra et que nous n'avons point vus.

A 10 kilomètres du point de départ nous descendons dans une grande vallée en sol de nebka que les indigènes nomment Oued-melah bien que ce ne soit qu'un bande plus étendu que les autres. Nous suivons cette vallée en obliquant légèrement au S 1/4 S.W. et nous serpentons bientôt entre de nombreux Siouf qui forment la base d'un Ghourd par le travers duquel nous arrivons à 14 kilomètres de Hassi Mjeïra.

Il fait un vent de N très violent qui écrête les dunes et soulève une poussière de sable très fatigante pour les yeux.

La route se poursuit au milieu de cuvettes coupées de Siouf transversaux ; direction sur le Ghourd Djeribïa laissant un peu dans l'Est deux aghroud jumeaux (aghroud toumiet) qui font partie d'une chaîne interrompue de Siouf, d'aghroud qui dans leurs méandres embrassent de nombreux feidj.

La route passe alors en terrain de Hamada presque dépourvu de végétation jusqu'à Hassi Djeribïa (le puits de la petite Gerboise). Nous campons entre le puits et le ghourd du même nom.

Hassi Djeribïa contient de l'eau d'excellente qualité en a 14 mètres de profondeur jusqu'au niveau de l'eau. Il est situé au fond d'une profonde cuvette bordée du côté Est par des Gour rocheux, et par des Siouf du côté Est ; la cuvette se prolonge au Sud en s'élargir formant vallée.

Mes hommes m'ont amené deux Chamb-ba des Oulad-Bouï qui me serviront de guides au moins jusqu'à Aïn-Teïba. Je m'entretiens longuement avec eux et je vois déjà qu'ils ne veulent pas dépasser la ligne de l'Erg. Ils ont peur de guider un européen seul dans un pays où on peut rencontrer des partis hostiles aux blancs.

Ils me racontent ceci : « Une caravane « des Oulad-Ba-Hammou, chargée de plumes « d'autruches et de cotonnades, se rendait à « Ghdamès, elle a été attaquée par quelques « Touareg de Ghdamès et 6 hommes ont été « tués. Pour se venger les Oulad-Ba-Hammou « ont organisé un ghezzou de 120 hommes et « ont tué un Kébir des Touareg Azgar du nom « d'El-Hadj-Brahim.

« A la suite de ces évènements (qui se pas-« saient en Décembre 1882) les Touareg Azgar « et les Djibalia ont organisé une colonne forte « de 600 mehara qui a dû marcher ou est en « marche vers In-Salah pour se venger sur la « ville même en la pillant......»

Les choses en sont là à l'heure actuelle et les Chambbas me disent : « Tu veux aller à « des points situés sur le Medjbed d'In-Salah à « Ghdamès ; or pour les raisons que nous venons

« d'énoncer ce Medjbed n'est pas sûr et nous
« ne pouvons point t'y conduire. »

20 Février — Direction générale S ¼ S.E.

En quittant Hassi Djeribia on passe
dans une grande dépression orientée presque Nord-
Sud entre des Siouf, c'est une vallée rocailleuse
(Reg, gypse et cailloux); après avoir parcouru
7 kilomètres, nous sommes sur le travers et à l'Est
du nouveau puits creusé l'an dernier par les
fils de Bou-Khacheba (Hassi Djeribia-Djedida);
et 7 nouveaux kilomètres nous conduisent par
le travers Ouest de Ghourd Retmaïa dans une
large cuvette au feidj à fond de gypse. On entre
bientôt dans les Siouf et dunes mélangés de petites vallées qui s'étendent sur un espace de 3
kilomètres , pour faire place — à 18 kilomètres du
point de départ — à un vaste plateau presque
dépourvu de végétation , à sol de Hamada (gypse
et cailloux).

En quittant ce Hamada, sur lequel
nous avons marché pendant 12 kilomètres, nous
entrons dans les premiers Siouf de la chaîne
dite Slass-el-Dhanoun où nous campons après
une marche totale de 36 kilomètres.

21 Février — Direction générale Sud.

La route de ce jour se continue dans
le Slass-el-Dhanoun , la première chaîne a
une épaisseur de 11 kilomètres au point où nous

la traversons ; la seconde chaîne, qui compte à peine 5 kilomètres, est séparée de la première par un grand feidj à sol de Reg et nebka. auquel les indigènes appliquent le qualificatif plutôt que le nom de El- Achenb - el- Ibel . Ce feidj est borné au loin à l'Est par des dunes et des aghroud continus . Il communique par l'Ouest avec le Feidj Dhamran, contournant ainsi la seconde chaîne du Slass-el-Dhanoun, qui se termine en promontoire non loin de nous à droite.

La traversée du Feidj Dhamran compte 8 kilomètres , et la troisième et dernière chaîne du Slass - el - Dhanoun environ 7.

A partir de là la route retombe en sol de Reg mélangé d'un peu de nebka sur le Feidj Torba, au milieu duquel nous campons après une marche de 40 kilomètres. A partir de la hauteur du nouveau puits, Hassi Djeribia - Djedida, le pays devient réellement désert et on n'y rencontrent plus les traces de troupeaux de chameaux ; les touffes ne sont pas broutées et présentent un bel aspect. Tout au plus relève-t-on le passage d'un ou deux mehara montés, ce sont là des chasseurs qui gagnent l'Erg pour y trouver des Begneur-el-Ouach (antilopes).

22 Février - Direction générale Sud.

Le Seidj Torba est borné au loin à l'Est (à environ 15 ou 18 kilomètres) par une chaîne d'aghroud . Il s'étend sur une largeur de 20 kilomètres jusqu'à Ghourd Torba, limite N de l'Erg en ce point . La chaîne des aghroud de l'Est qui était à peu près de 18 kilom. de nous au nord de la plaine , se rapproche considérablement de notre route.

Les arabes donnent à ce Ghourd le nom de Torba parce que au pied Est, dans une cuvette , on trouve , disent-ils, de la Torba (argile blanche). C'est une erreur grossière , car leur argile est tout simplement du gypse de la plus grande pureté et de la plus éclatante blancheur.

Une autre étymologie peut-être donnée au mot Torba : Ce mot veut dire également ment cimetière , en bon arabe. Peut-être est-ce plutôt là l'origine de la désignation de ce ghourd.

Après le Ghourd Torba la route entre véritablement dans le massif de l'Erg proprement dit ; ce n'est plus qu'un chaos de Seidj, d'aghroud , de Siouf barrant les vallées . En un mot on se trouve au milieu d'un véritable système de montagnes à altitudes relativement faibles et dont tout le sol est du sable meuble au lieu de roche ou de terre. La marche est lente et difficile dans ce terrain peu solide et nous n'arrivons que tard à Aïn-Teïba après une marche totale de 30 kilomètres.

Aïn-Teïba est entourée de Siouf et d'aghroud ; c'est une sorte de cratère à bords éboulés de 150 à 200 mètres de diamètre en haut, dont le fond forme une mare circulaire pleine d'eau et bordée d'une enceinte de roseaux d'où émergent 5 ou 6 dattiers aux troncs noircis par les incendies que les arabes font subir aux roseaux du bord.

Du niveau de l'eau au niveau moyen des sables du sommet il y a environ 18 mètres de différence. Le sommet de la paroi Est est bordé de pierres de calcaire gréseux brisées et éboulées, le reste est du sable. Les parois du cratère sont tapissées de touffes d'azal.

Pour abreuver les caravanes on creuse un trou dans les roseaux du bord de la mare et on obtient une eau qui est excellente bien qu'elle ait un léger goût que lui communiquent les racines des roseaux.

A deux ou trois cents mètres, au nord et de l'autre côté d'un Sif, on voit un autre cratère un peu plus petit que celui du Sud et en partie comblé par le sable. Il paraît qu'autrefois il contenait de l'eau : à cette époque l'Aïn-Teïba actuelle n'existait pas, et, à sa place, s'élevait un grand ghourd qui se serait subitement effondré , au dire des arabes , en aurait été remplacé par une eau claire . En même temps que ce phénomène se produisait , le premier cratère se tarissait subitement . La légende ajoute qu'un berger qui se trouvait juste à point au sommet du ghourd aurait été englouti avec lui !!

Sur la bordure du cratère , à l'Ouest et à l'Est , on voit les tombes de 4 hommes des Oulad-Sahia tués en 78 ; leurs pieds en leurs mains sortent de terre et ont conservé leur peau qui est parfaitement desséchée en parcheminée.

Nous voyons ici 5 chasseurs chambba d'El G'léah , et nous nous entretenons avec eux; et nos guides qui refusent toujours d'aller plus loin dans la direction du Sud.

En réunissant tout ce que disent ces hommes on arrive à savoir ceci : Il n'y a pas de route facile par les Feidj de l'Erg entre Aïn-Teïba et Hassi Messeyguem (route que je désirais parcourir). Il faudrait 10 journées de marche très pénibles dans les aghroud et les Siouf — journées de 30 kilomètres seulement, vu la difficulté du terrain — . On pourrait franchir ces 300 kilomètres en un peu moins de cinq jours avec des mehara , mais non avec des

18.

chameaux chargés.[1]

En présence de la situation je décide de remonter au Nord jusqu'à Hassi Djeribia-Djedida, et de là je gagnerai Hassi Ghourd-Aulad-Taïch dans le S.W.

Nous arrivons à Hassi Djeribia-Djedida le 27 Février avec un de mes hommes malade, ce qui m'oblige à séjourner ici.

Le puits est situé au N.N.W du ghourd Retmaïa, au fond d'une cuvette rocheuse. Il contient de l'eau de bonne qualité à 13 ^{m},30 au-dessous du sol, et à 24°,5 centigrades.

Nombreux silex taillés aux environs.

3 Mars. — Direction générale W.S.W.

Nous marchons sur un plateau en sol de Hamada parsemé de cuvettes plus ou moins profondes et presque dépourvu de végétation, à part quelques touffes de Sfar. A gauche, à une douzaine de kilomètres, Siouf en agbroud.

A 7 kilomètres du point de départ

---

[1] Une des plus longues courses et des plus rapides fournie par un mehari, c'est le trajet de Hassi Ghourd-Aulad-Taïch à Hassi In-Esechki, trajet fait en deux jours par Cheikh ben Boudjema (environ 300 kilomètres).

nous passons — en sol de nebka en pendant 3 kilomètres — au pied d'une chaîne de Siouf venant du
S.E ; à droite , à 5 kil. de nous , s'élève un ghourd
isolé et innommé.

Les 24 kil. qui suivent sont sur le Ha
mada entrecoupé de Handks et de Guentras avec
peu ou point de végétation. A 26 kil. du point
de départ la route passe à l'extrémité N.W d'une
chaîne de Siouf , dont le Ghourd Zotti forme la
tête , visible au S.E. et à 12 kil. de nous. Arrêt
et campement dans le Houdh-el-Akka à 34
kil. de Hassi Djeribïa-Djedida . Ce Houdh nour
rit une belle végétation de Dhamran , il est en
sol de Reg et nebka et bordé de Gour-déchi-
quetés .

C'est en ce lieu que nos goum ont
attaqué les hommes de Bouchoucha pendant
que le général Lacroix était à Ouargla . A
cette époque les Chambba étaient tous avec le
Chérif , au moins de cœur , aussi gardent-ils
une haine profonde aux Mkhbadema et aux
Saïd-Heukba qui faisaient partie des goum
fidèles et se battaient contre Bouchoucha.

4 Mars. — Direction générale W.S.W.

Après avoir franchi un petit seuil
de Guentras peu élevés nous marchons dans un
grand houdh dont le sol est de Reg avec af
fleurements de roches de grès et de roches calcaires.

Cette cuvette bordée de Guentras élevés nous conduit directement au Houdh de Tamesguida où nous campons près du puits du même nom après une marche de 8 kilomètres.

Hassi Tamesguida se trouve dans la partie N.W de la cuvette au milieu de petites buttes coniques de 4 ou 5 mètres de haut, tapissées de racines de Tamarix. Ces arbres, pour la plupart morts, n'ont plus de tiges et leurs racines seules montrent qu'ils étaient autrefois de belle dimension.

Le puits actuel, qui date seulement de l'an dernier, est creusé à quelques mètres de l'ancien, en entièrement dans le Debdeb jusqu'à la nappe aquifère qui se trouve dans des sables grisâtres à gros grains. Le niveau de l'eau est à 8 mètres sous le sol ; cette eau qui est excellente, a 23° centigrades.

Le fond même de la cuvette de Tamesguida est un sol de plâtre pur en souvent en poussière fine, surtout sur les contours au pied des Gour, le reste est du Reg avec quelques Zemoul couvertes de Dhamran.

Je reçois ici la visite du Cheikh des Chambba Aberreb, Ahmed-ben-Ahmed-ben-Cheikh, qui me raconte des histoires démesurément longues sur le ghezzou dont j'ai parlé plus haut en qui marcherait sur In-Salah. Dans son entourage se trouve Cheikh ben Boudjema, ancien guide du colonel Flatters ; je lui demande s'il veut me guider jusqu'à Hassi Messeyguem par el-M'ssyed, il n'est pas éloigné d'accepter, seulement il ne veut rien conclure avant d'avoir conféré avec le Cheikh qui va camper près de Hassi Chambbi. Il me remet donc au lendemain en me priant de venir camper dans les environs de la tribu. D'après ce qui est convenu, je prendrais des vivres pour trois hommes et pour 15 jours, et nous irions jusqu'à Hassi Messeyguem avec nos mehara seulement et sans chameaux de bât.

A la nuit tombante, le 5 mars, je vois arriver au camp Sliman-ben-Mabrouk, Maghzeni d'Ouargla. Il est envoyé par l'agha, en toute hâte, près du cheikh Ahmed, et apporte une lettre qui avertit le susdit cheikh d'avoir à veiller attendu que l'on signale un Harkou de 200 cavaliers des Aulad-sidi-Hamza. Ces cavaliers seraient partis du Gourara dans la direction de l'Est et on ne sait ni où ils veulent aller ni où ils sont actuellement. Le commandant supérieur de Ghardaya ordonne en conséquence aux chefs indigènes de se garder. Sliman après m'avoir raconté cela repart aussitôt pour remettre sa lettre au destinataire.

6 Mars. — Direction générale S.W.

En sortant de la cuvette de Tamesguida la route se déroule sur un plateau en sol de Hamada entouré, à droite et à gauche, par des Guentras et des Handhs. Ce plateau se poursuit jusqu'à Hassi Chambbi, puits situé dans une grande cuvette où s'élèvent, sur des buttes, des touffes de Tamarix (Tarfaïa) semblables à celles de Tamesguida.

Ce puits est distant de 13 kil. de Hassi Tamesguida. Le fond du Handh Chambbi est en sol de Debdeb parfois en poussière. Çà et là s'élèvent des Zemoul. Toute la partie N. W. du Handh est bordée de Siouf et le reste de Gour. Le puits a 8ᵐ 50 de profondeur, entièrement foré dans le Debdeb. Son eau est blanchâtre comme celle de Tamesguida, mais aussi, comme elle, excellente.

Nous campons à deux kil. du puits, dans le fond S. W. du Handh, afin de nous trouver près des tentes d'Ahmed - ben - Ahmed.

Le cheikh vient me voir avec tous ses amis ; il cause longuement ; il me dit qu'il ne faut pas aller plus loin, qu'il craint pour moi, que les routes du Sud sont " les chemins de la peur.... " je lui demande de laisser Cheikh - ben - Boudjemâ libre de me suivre et de me guider ; je lui promets même une lettre semblable à celle que j'ai remise à l'agba avant mon départ — lettre de décharge déclarant que je ne prétends pas le rendre responsable de ce qui peut m'arriver — Malgré tout cela, il paraît hésitant ; la lettre qu'il a reçue hier soir a redoublé ses craintes, il voudrait un ordre du bureau arabe lui enjoignant de me donner un guide, en somme il a peur d'assumer une responsabilité. Il se retire finalement sans que j'aie pu obtenir rien de satisfaisant. Quant à Cheikh ben Boudjemâ que je fais venir dès le départ d'Ahmed-ben-Ahmed, sa réponse est, bien entendu, négative. Il a bien envie de venir, mais il n'ose marcher sans l'approbation de son cheikh. Comme je n'ai aucun moyen de vaincre cette résistance, je me résigne à continuer la marche sur Hassi Ghourd-Aulad-Laich.

7 Mars. — Direction générale S.W.

Pendant 28 kilomètres, route sur le Hamada entrecoupé de Hanchs, de Guentras et de petits gour en bordure de cuvette. Le Hamada pierreux, rocheux, presque sans végétation ; quant aux cuvettes, quelques-unes contiennent des touffes de Dhamran, les autres sont entièrement nues et en sol de Reg à très gros grains.

A 18 kilomètres de notre point de départ nous sommes par le travers et à 3 kilomètres de Zmeila-el-Arch, petit massif de dunes que nous relevons à l'W 20° N. A 23 kilomètres du campement nous longeons — tantôt sur son bord Est, tantôt dans la cuvette même — un grand Kandh à sol de Debdeb dont le fond est encombré de petites dunes. Ses rebords N et W sont formés par des Siouf et le reste entouré de Gour plus ou moins ensevelis sous le sable, au pied du moins.

Nous sortons de ce Kandh, dont la longueur n'excède pas 8 kil. pour remonter sur le Hamada, où nous campons, au pied Est de Siouf qui se trouvent à 40 kilomètres de notre point de départ.

8 Mars. — Direction générale S ¼ S. W.

Après avoir traversé les quelques Siouf au pied desquels nous avons campé, nous marchons sur le Hamada, puis dans deux grandes cuvettes pierreuses et en sol de Reg sans aucune végétation, qui nous amènent — après 17 kilomètres de marche totale — au Kandh ou Gassi dans lequel se trouve le Hassi Ghourd-Aulad-Jaïch.

Le fond de la dépression est — en sol de gypse pur, tantôt en poussière, tantôt en larges dalles plus ou moins disloquées, entre lesquelles pousse une maigre végétation composée de Dhamran et d'Agheram.

Le Ghourd-Aulad-Jaïch n'est point auprès

du puits auquel il a donné son nom ; il se trouve à environ 18 kil. au S. E. C'est là ce que les indigènes nomment Oudje-el-Erg et parfois aussi Ras-el-Erg. Le sol de sable commence ici par de petits gheridat qui se continuent à l'Est et au Sud-Est.

Aux environs du Gassi, du côté du Hamada, peu ou point de végétation ; au contraire, dans les Feidj de l'Erg, il paraît que cette année la végétation abonde et de nombreux troupeaux de chameaux y trouvent amplement de quoi paître.

Je grimpe sur un petit Ghourd qui se dresse à environ 500 mètres au S. W. du puits et qui a une vingtaine de mètres de relief. Toute la partie N. et W. du handh est bordée de Gouiret superposés en deux ou trois assises successives parfois recouvertes — en bas surtout — d'un peu de sable. Au S. le sable ensevelit déjà presque entièrement les Gouiret de bordure ; enfin, au S. E. — dans le prolongement du ghourd sur lequel je suis, et dans la ligne qui mène à Ghourd-Aulad-Taïch — ce sont des Siouf et de petits Aghroud dont le plus rapproché se trouve à 5 kil. du puits. Plus loin, dans la même direction on aperçoit Ghourd-Aulad-Taïch, massif assez important qui s'élève à 18 kil. Plus loin encore, autre massif d'aghroud que l'on distingue à 24 ou 25 kilomètres. Tout cela constitue le Rao-el-Erg de ce côté-ci. Au nord de la cuvette, Hamada Guentras, Handh. De même à l'W. et au S. Quant à la partie Est — celle qui se trouve au N direct de Ghourd-Aulad-Taïch — c'est un dédale de Siouf, de Feidj, de Gouïret ensablés à perte de vue.

Le puits, creusé dans le Debdeb, a 15 mètres de profondeur jusqu'au niveau de l'eau dont la température est de 23°,5 centigrades, et la couleur blanchâtre. Cette eau est réputée parmi les Arabes qui prétendent, avec leur emphase habituelle, qu'elle est meilleure et plus douce qu'une tasse de café ! En réalité elle est de bonne qualité, mais semblable à celle de Tamesguida ou de Chambbi.

J'ai recueilli ici de nombreux échantillons de silex taillés et particulièrement trois haches. Ce qui m'a le plus frappé c'est un fragment de hache en silex noir, de l'époque du Silex poli. Ces échantillons proviennent des flancs des Gouïret qui s'élèvent à 1 kil. du puits, dans son N.W., et dans la cuvette même du Gassi. Les flancs de ces Gouïret sont jonchés de petits cailloux qui recouvrent tantôt du Gypse pur en poussière blanche et fine dans laquelle on enfonce de quinze centimètres; tantôt une poussière fine et noire comme du poussier de charbon et qui semble être une décomposition du gypse primitif. Sous ces couches pulvérulentes on retrouve du reste le gypse gris à l'état de roche.

Tous les Gour qui bordent le Hand du puits ont la base recouverte des mêmes poussières noires ou blanches, masquées par des cailloux rougeâtres ou par des débris des sommités des Gour.

10 Mars. Direction générale N ¼ NE.

Malgré mon vif désir de pousser plus au Sud, je me vois, à mon grand regret, obligé de retourner au Nord. Mes guides refusent même de me conduire jusqu'à Hassi-Guifel dont nous sommes tout près parce qu'ils ont peur, et jusqu'à El-M'sseys, parce qu'ils ont peur et qu'il n'y a pas d'eau, disent-ils.

La route tout entière se développe au milieu d'une succession de Guentras, de Hands et sol de Hamada entièrement dépourvu de végétation. Le terrain est parfois du Reg un peu gros dans les fonds de cuvettes, et partout ailleurs de la roche calcaire, ou du grès sur les seuils. Paysage morne et désolé; il fait un ouragan de S.W qui soulève des masses de sable et qui ne permet pas de voir quoi que ce soit à plus de 4 ou 500 mètres.

A 20 kilomètres du point de départ on traverse quelques petits Siouf; puis les Gour s'accentuent et deviennent plus fréquents et plus élevés. La végétation ne réapparaît que dans la cuvette même où nous campons, à 26 kil. de Hassi Ghourd-Aulad-Taïeb. Ce hamada bordé de Gour est à fond de Debdeb en de plaques de poussière noire comme celle déjà décrite plus haut. Quelques Siouf peu importants serpentent dans cette vallée; et la végétation représentée seulement par du Dhamran, est assez belle.

11 Mars. — Direction générale N.

Nous partons par un temps menaçant et glacé; la pluie est imminente. On chemine sans interruption sur un plateau ou plutôt une succession de petites cuvettes à sol tantôt de Reg, tantôt de Debdeb, avec touffes de Dhamran. De toutes parts des Gour — tous ceux de cette région se nomment Gour Ehyar (Gour du faucon). —

Après une marche de 20 kil. nous nous arrêtons à cause de la pluie qui tombe violemment chassée par un fort vent du Nord. Le point où nous campons est au Sud des Gour que l'on nomme Gour Boukbeira et nous sommes à 6 kil. du puits du même nom, puits mort depuis longtemps, autour de nous s'élèvent des touffes de Dhamran et quelques pieds de Hatta.

Nous marchons sur une belle plaine de Reg avec quelques affleurements de gypse et quelques petits Siouf insignifiants.

Après 12 kil. nous atteignons le promontoire Ouest d'un gara qui tombe sur le Reg en se terminant par de petits Zemoul.

Nous avons en vue, à notre Ouest, la vallée de l'Oued Mya et, à peu de distance, le puits de Djemel-Djedid puits qui n'a que deux ans d'existence. La vallée s'étend à notre gauche, libre en apparence de tout obstacle, si on ne tient pas compte de Gour isolés et de quelques Siouf et Zemoul invisibles du point où nous sommes.

Droit devant nous, et dans le N.¼N.W. se dresse au loin Gara Mehaïgnen.

Nous escaladons par des seuils peu élevés deux petites chaines de Gour — qu'il serait du reste facile de tourner par l'Ouest en sol uni de Reg.

Après 38 kil. de marche sur le Reg nous campons à l'extrémité d'un Flaïchat, dans un cirque de Gour qui forment demi cercle du côté du Nord. Nous avons autour de nous des buttes couvertes de Tamarix au pied de deux Gouïret jumelles peu élevées. Nous sommes à 6 kil. N.E. d'une plaine verdoyante que les Chambba nomment Flaïchat-Merebba. Ils y ont fait un puits l'an dernier qui porte le même nom que la plaine ; il a 6 mètres de profondeur jusqu'au niveau de l'eau.

Beaucoup de silex taillés sur la route de ce jour et autour du camp. Le Zita commence à réapparaître et nous sommes entourés de ses belles touffes.

13 Mars. — Direction générale N.N.E.

La traversée de la chaîne de Gour qui nous bornait au Nord compte trois kilomètres, puis on descend dans une plaine verdoyante jusqu'au promontoire N.W. d'un gara que nous tournons en infléchissant un peu dans l'Est sur une belle plaine à sol de Reg : à droite nous avons — à une distance moyenne de deux kilomètres — une chaîne de Gour qui court à peu près parallèlement à notre direction avec de nombreux zigzags ; à gauche, à une dizaine de kilomètres nous voyons le massif du Gara-el-Beïda — au N.W. de ce gara et à peu de distance se trouve le puits Hassi-el-Haïchat — à gauche encore, mais plus rapprochée de nous une chaîne de Gour séparés les uns des autres qui se nomment Gour Si-Mohamed-Moussa.

A 15 kil. de notre point de départ nous passons à toucher Hassi Toumiet. Ce puits, qui a 9m,50 de profondeur, est creusé de l'an dernier presqu'au pied d'un gara fourchu qui lui a donné son nom.

Arrivés à l'extrémité N.E. de la chaîne des Gour Si-Mohamed-Moussa nous visons directement Hassi Gara qui se trouve au pied d'un Gara isolé et nous atteignons le puits après une marche totale de 35 kilomètres.

Les Gour Berrouba, Mehbbiba, Si-

Mohamed-Moussa, El-Beïda, Mebaïguen, Bou-kheïra, la série des Gour-Thyar, peuvent être considérés comme des fragments de la berge de droite de l'Oued Mya, ou du moins comme la limite un peu indécise, à l'Est, de la plaine qui borde le thalweg plus ou moins apparent de l'Oued Mya.

Depuis Hassi Ghourd-Aulad-Taïeb la route paraît parfaitement propre à l'établissement d'un chemin de fer; en effet, tous les Gour et Siouf que nous avons franchis peuvent être évités en faisant des détours et ces détours devront être faits par l'Ouest de notre route.

Au S.W du Hassi Aulad-Taïeb s'étend à perte de vue le Hamada; les indigènes disent que la route est aussi route en Hamada jusqu'à El-M'sseyed, par conséquent pas d'obstacles sur cette partie du trajet. Il resterait à voir la portion comprise entre El-M'sseyed et Hassi Messeyguen; car, plus au Sud on sait que la route du Niger s'étend sur de vastes plateaux de Reg, au moins jusqu'à Timissao. — Le Reg d'adjemar jusqu'à Khangat-el-Hadid, et le Reg-el-Asfar au Sud de ce point.—

Hassi Gara a une profondeur de 7^m.70 jusqu'au niveau de l'eau qui est à la température de 22°,5 centigrades. Entièrement creusé dans la roche calcaire, il contient 0m.50 centimètres d'épaisseur d'eau d'assez bonne qualité bien qu'inférieure à celle des puits plus au Sud.

Le Gara qui domine le puits a environ 25 mètres de relief. Pour arriver jusqu'à son sommet il faut se hisser sur une tablette qui surplombe et qui est à un peu plus de deux mètres au-dessus de la tablette immédiatement inférieure. Ce Gara est formé d'assises de grès, et d'argile rouge sableuse et son sommet est composé d'une couche de gypse recouverte de cailloux de grès friable.

Du sommet on aperçoit le Gara Kriem à 30 kilomètres ; en se tournant vers l'Ouest on domine une vaste plaine couverte de végétation, c'est le Flaichan Ouargla. Dans la direction Ouest-plein, à environ 50 kilomètres, émergent les aghroud Ben-Djedian, dont les sommets sont à peine distincts dans les brumes de l'horizon.

Le côté N du Gara se continue en trois petits mamelons plus ou moins éboulés, au sommet du plus septentrional se trouve un cimetière arabe.

Le 13 Mars, pluie assez forte et continue de 6 heures du matin à 11 heures. Dans l'après-midi, le soleil perce un peu les nuages épais et il fait une chaleur

humide accablante bien que le thermomètre n'accuse
que + 18°. Cela ne doit être attribué qu'à la présence de la vapeur d'eau dans l'air ; phénomène
qui n'a pas lieu d'ordinaire au Sahara, et qui
fatigue les organismes habitant depuis longtemps
les pays secs.

16 Mars. — Direction générale N.

Nous marchons sur une belle surface de
Reg avec quelques points de nebka très ferme.
Belle végétation de Zita, Tamarix, Dhamran,
et Agheram, un peu d'Alenda et de Halma.
Nous passons successivement par le travers et à
l'Ouest des Gour Nekhbiba, Berrouba, Kouif-
el-Zahm, Tarfaïa, et Mkhadema. Campement
à 7 kil. au S. E. de Gara Kriem après 30 kil.
de route.

17 Mars. — Direction générale N ¼ N. W.

Nous marchons droit sur le gara Krima
au bord Est duquel nous passons après 15 kilomètres
de marche. Là nous sommes dans le lit même de
l'Oued-Mya ou Oued Ouargla, encombré de dunes
de petite dimension. Nous touchons à Rouissat
et nous arrivons à Ouargla après une marche
totale de 27 kilomètres.

Itinéraire de Ghdamès à In-Salah
recueilli de la bouche d'un de nos guides.

20 jours de route pour faire 585 kilomètres.
De Ghdamès à Hamma, eau, 45 kil.

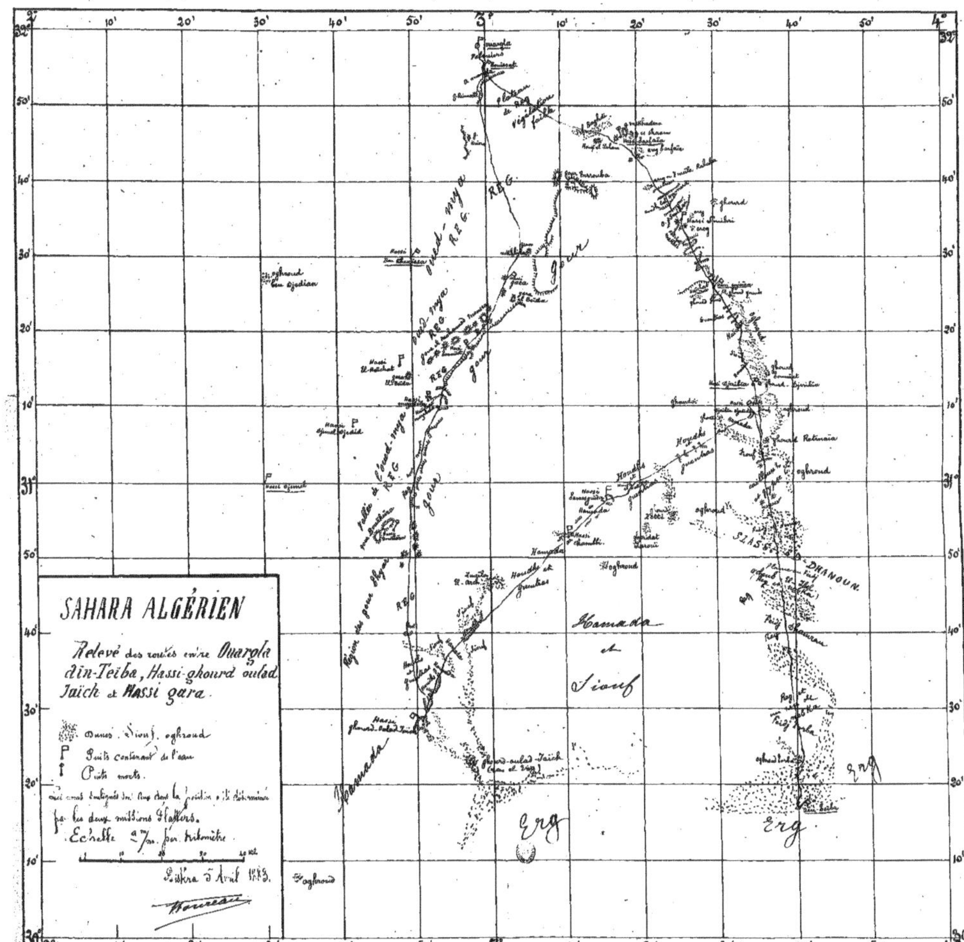

SAHARA ALGÉRIEN
Relevé des routes entre Ouargla
d'in-Teiba, Hassi-ghourd oulad
Taïch et Hassi gara.
Dunes. Siouf, oghroud
P Puits contenant de l'eau
Puits morts.
Échelle
Biskra 5 Avril 1883.
Hamada
et
Siouf
Erg
Erg
Hamada
DRANOUN.

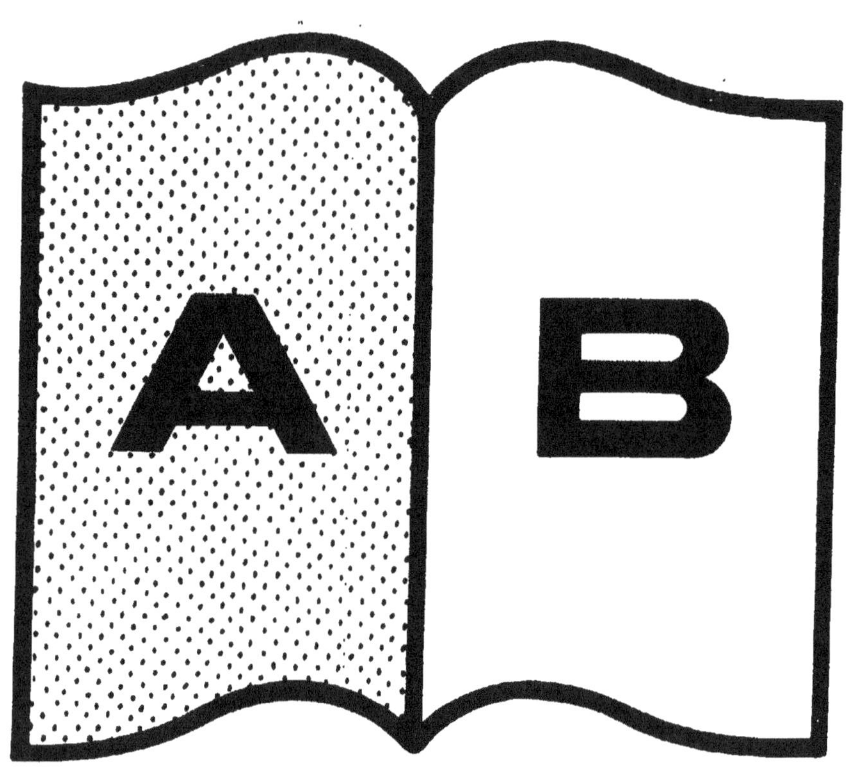

Contraste insuffisant

NF Z 43-120-14

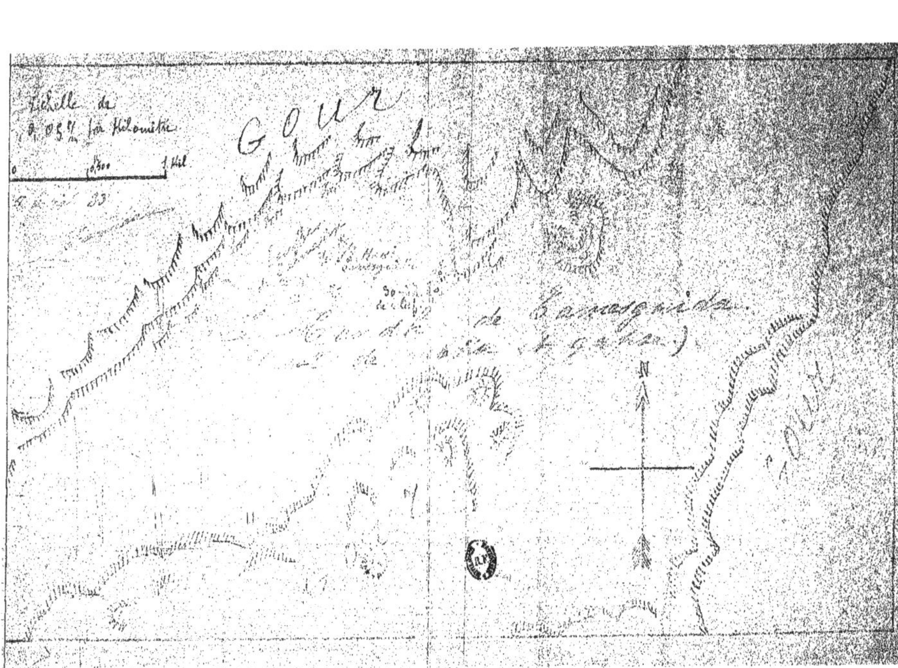

Échelle de
0,0500 par kilomètre
0
0,500
1 kil
GOUR
de Kanasguida.
N